Pour le petit Nathan et tous
les autres jeunes curieux.

S.B.

Illustrations de :
Matthieu Roussel couverture
Maud Riemann p. 8 à 15 ; 18-19
Benjamin Bécue p. 16-17 ; 40-41
Didier Balicevic p. 20-21 ; 42-71 ; 75-89
Mélisande Luthringer p. 22-37
Olivier Latyk p. 72-74
Magali Clavelet p. 90-91

P. 30 : ***L'Automne*, Giuseppe Arcimboldo, 1573**

Loi n°49-956 du 16 juillet 1949 sur les publications destinées
à la jeunesse, modifiée par la loi n°2011-525 du 17 mai 2011.

ISBN : 978-2-09-258437-8
Achevé d'imprimer en janvier 2021 par Pollina, Luçon, France - 96129
N° d'éditeur : 10270139 - Dépôt légal : septembre 2019

QUESTIONS RÉPONSES ! 5+

Tous les POURQUOI

Texte de **Sylvie Baussier**

Nathan

sommaire

MON
CORPS

Pourquoi faut-il se laver avec du savon ?

Pour rester en bonne santé !
Cela permet d'éliminer la transpiration et les saletés, qui contiennent des microbes et des bactéries.

Pourquoi sommes-nous tous différents ?

Cela dépend de ce que nos parents nous ont transmis. Il y a des bruns et des blonds, des peaux blanches et des peaux noires, des filles et des garçons… Mais nous avons aussi beaucoup en commun : nous sommes tous des *homo sapiens sapiens*, des êtres humains !

Pourquoi a-t-on parfois des poux ?

Ces petits parasites se nourrissent du sang humain en se fixant sur la tête et ils passent ensuite d'une tête à l'autre. Il faut éliminer les poux et leurs œufs (les lentes) avec un peigne fin.

Pourquoi les enfants se couchent-ils tôt ?

Lorsqu'on est enfant, le corps grandit beaucoup et ça demande de l'énergie : il faut se reposer pour bien grandir !

Pourquoi cligne-t-on des yeux ?

Les yeux ont besoin d'être toujours humides pour protéger leur paroi transparente, la cornée. Les paupières se ferment plus de 5 000 fois par jour et y étalent un peu de liquide à chaque fois !

Pourquoi se brosse-t-on les dents ?

Pour qu'elles restent en bonne santé ! L'idéal est de se laver les dents trois fois par jour, après les repas, pendant trois minutes : on évite ainsi les caries.

cherche et trouve

la brosse à dents

la serviette

le savon

Les mystères du corps

Pourquoi le sang est-il rouge ?

À cause du fer, qui donne leur couleur rouge aux globules... rouges.
C'est le cas chez tous les vertébrés.
Le sang des insectes, lui, est bleu ou vert, car il contient du cuivre et non du fer !

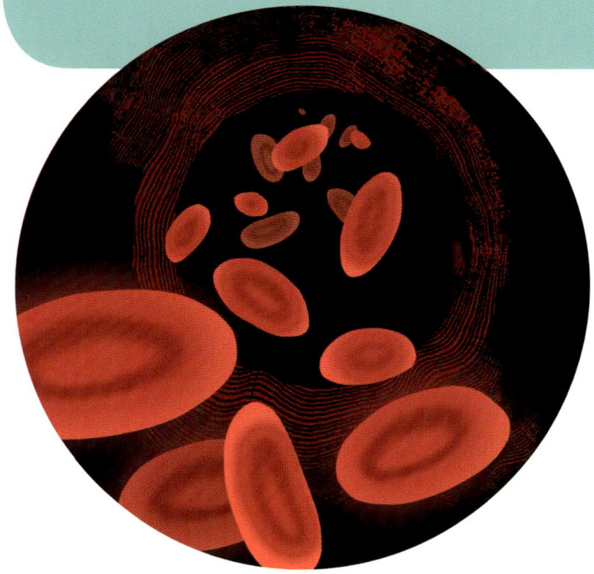

Pourquoi a-t-on deux bras ?

Quand le bébé grandit dans le ventre de sa maman, le corps se développe de façon symétrique : as-tu remarqué les autres choses en double sur ton corps ?

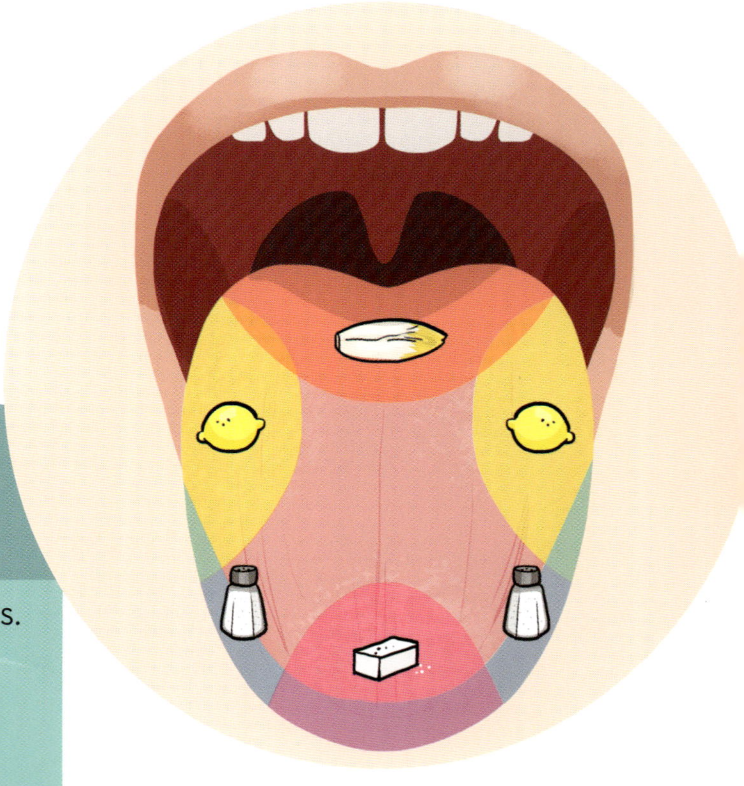

Pourquoi y a-t-il de petits picots sur la langue ?

Ces papilles servent à sentir différents goûts. Elles permettent de reconnaître le sucré, le salé, le goût amer comme les endives, ou acide comme le citron.

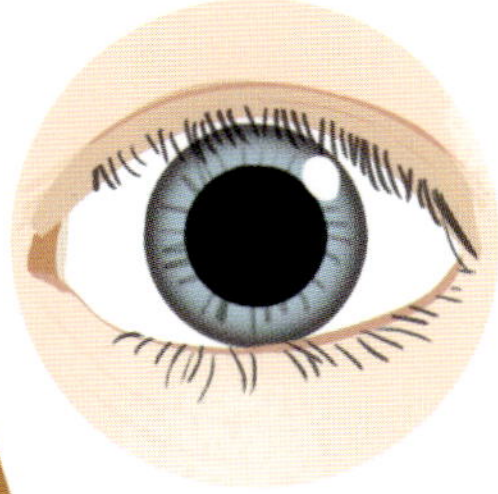

Pourquoi les pupilles changent-elles de taille ?

Quand il fait sombre, la partie noire au centre de l'œil s'agrandit pour laisser passer le plus de lumière possible et nous permettre de mieux voir ! Au contraire, quand il y a beaucoup de lumière, les pupilles rétrécissent.

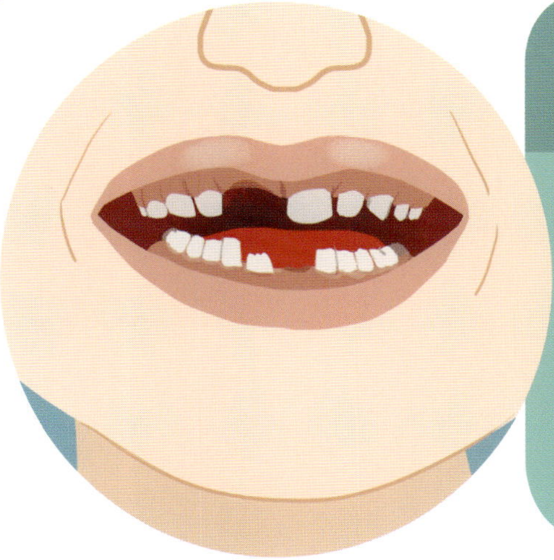

Pourquoi perd-on ses dents de lait ?

Ces 20 petites dents sont adaptées à la mâchoire d'un enfant, mais pas à celle d'un adulte ! Dès l'âge de 6 ans, elles commencent à tomber et sont remplacées peu à peu par 32 dents définitives.

Pourquoi les empreintes digitales sont-elles utiles ?

Sur chaque doigt, on a un dessin en forme de boucle, d'arc ou de verticille, et personne n'a les mêmes. Comme c'est l'une des meilleures façons de vérifier l'identité de quelqu'un, les policiers s'en servent dans leurs enquêtes ! On prend aussi les empreintes pour faire les cartes d'identité.

Grandir

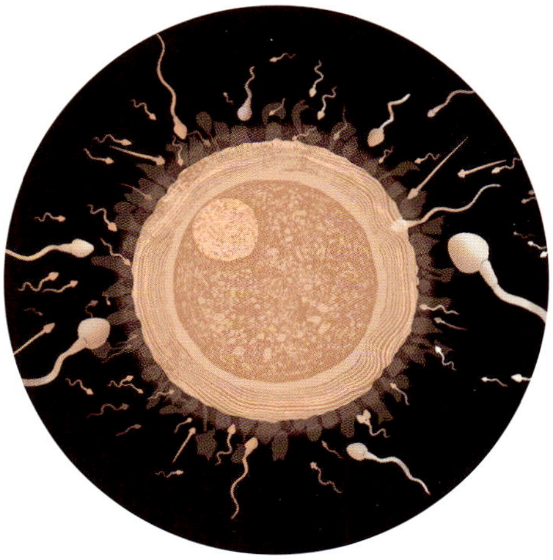

Pourquoi faut-il un spermatozoïde et un ovule pour faire un bébé ?

L'ovule de la femme et le spermatozoïde de l'homme se rencontrent et forment une seule cellule, qu'on appelle un œuf. Dans le ventre de la maman, cet œuf se divise plein de fois et devient peu à peu un bébé.

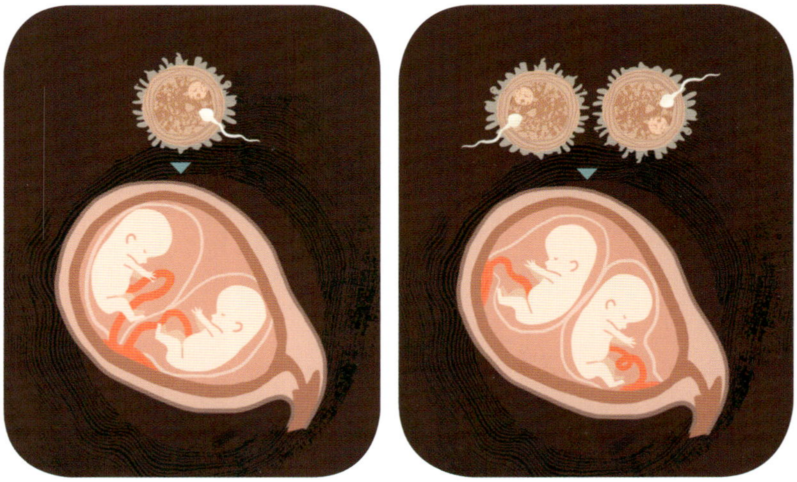

Pourquoi y a-t-il des jumeaux ?

Parfois, l'œuf se sépare en deux parties qui deviendront deux bébés très ressemblants : ce sont de vrais jumeaux. Parfois, deux ovules fécondés grandissent en même temps dans le ventre : ils deviendront deux bébés qui ne se ressembleront pas forcément.

Pourquoi les bébés ne savent-ils pas marcher ?

Ils ne sont pas encore assez musclés pour tenir sur leurs jambes et avancer. En général, un enfant commence à marcher vers l'âge de 1 an.

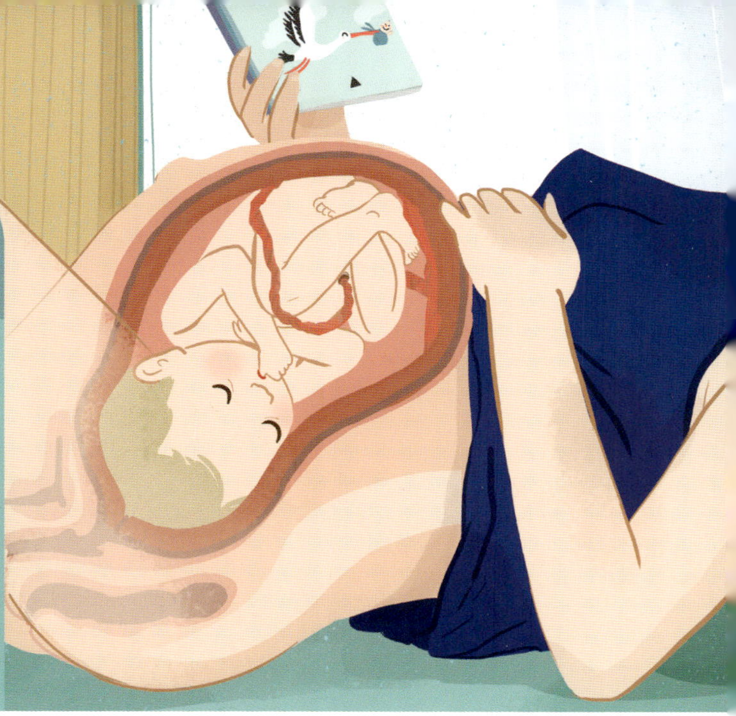

Pourquoi a-t-on un nombril ?

C'est la cicatrice du cordon ombilical qui relie la maman au bébé quand il est dans le ventre : ce cordon lui apporte de quoi manger et grandir. À la naissance, on coupe ce cordon, qui ne sert plus à rien, et ça forme un nombril !

Pourquoi les humains ont-ils peu de poils ?

Lorsque les hommes préhistoriques ont marché dans la savane, les poils gênaient leur transpiration et ils ont disparu.
De nos jours, nous avons tous 5 millions de poils sur le corps, mais la plupart sont fins comme du duvet.

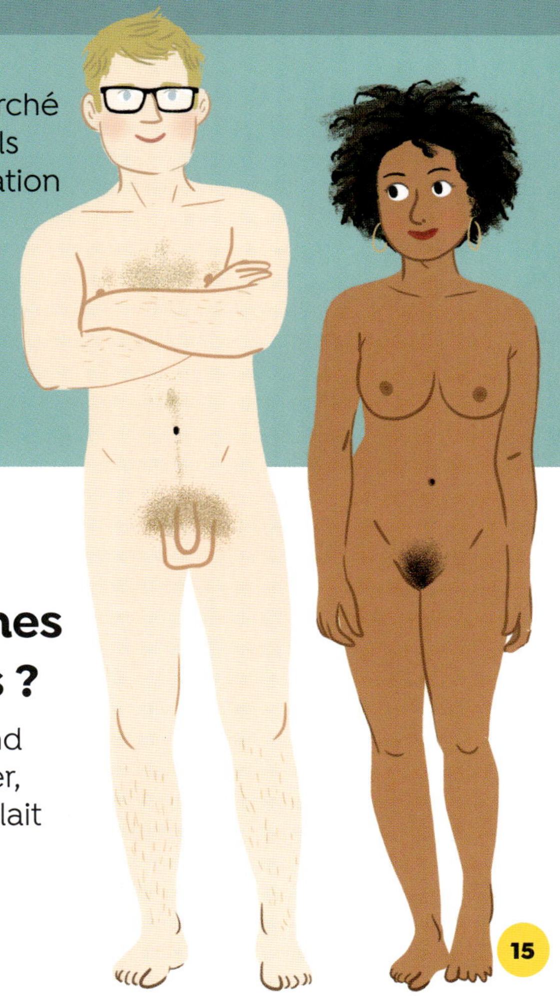

Pourquoi les femmes ont-elles des seins ?

Pour nourrir leur bébé ! Quand une femme vient d'accoucher, ses seins se remplissent d'un lait très riche qui aide le bébé à bien grandir.

En pleine forme

Pourquoi est-ce qu'on mange tous ensemble à table ?

Le repas est un moment de partage. On en profite pour parler de sa journée, rire, discuter… Manger dans le calme permet aussi de bien mâcher, donc de mieux goûter les saveurs, et de bien préparer la digestion des aliments.

Pourquoi ne faut-il pas boire trop de jus de fruits ?

Chaque jour, on élimine une partie de l'eau de notre corps en transpirant et en faisant pipi. On la renouvelle en buvant de l'eau. Les jus en briques et les sodas sont trop sucrés.

Pourquoi ne faut-il pas rester trop longtemps devant la tablette ?

Pour bien développer toutes les parties de son cerveau, il est important de sortir, jouer avec ses amis, faire du sport…

Pourquoi est-il important de petit-déjeuner ?

Quand on se réveille, on vient de passer de longues heures sans manger. Le corps a donc besoin de carburant pour fonctionner. Un petit-déjeuner équilibré permet de bien commencer la journée.

Pourquoi est-ce qu'on ne mange pas que des bonbons ?

Ils contiennent beaucoup de sucre, des colorants chimiques et des conservateurs. Ils font grossir mais pas grandir. Les fruits et les légumes, eux, t'apportent plein de vitamines, et ils sont délicieux !

Pourquoi est-il bon de faire du sport ?

Cela permet de rester en bonne santé : tu fais travailler les muscles de tes jambes, de tes bras, ton cœur… et tu peux partager de bons moments avec les copains !

Les petits tracas

Pourquoi va-t-on chez le docteur ?

Pour se faire vacciner contre des maladies dangereuses, vérifier qu'on grandit bien ou quand on est malade. Alors le docteur explique comment se soigner.

Pourquoi a-t-on parfois de la fièvre ?

Un corps en bonne santé est à environ 37°C. Quand notre température monte à plus de 38°C, on appelle cela de la fièvre. Elle nous alerte : « Attention, maladie ! ». Les globules blancs se multiplient alors dans le sang pour défendre notre corps contre une bactérie ou un virus.

Pourquoi transpire-t-on ?

Pour évacuer la chaleur et permettre au corps de revenir à sa température normale, quand on fait du sport ou qu'on a de la fièvre.

Pourquoi est-on malade en voiture ?

Le cerveau ne sait plus où il en est ! Les yeux lui transmettent l'information qu'il y a du mouvement, l'oreille interne enregistre les tournants, les descentes, tandis que le corps ne bouge pas.

Pourquoi saigne-t-on quand on se coupe ?

Parce que notre peau contient de petits vaisseaux sanguins. Quand le sang sèche, il forme une croûte, et en quelques jours la peau se répare.

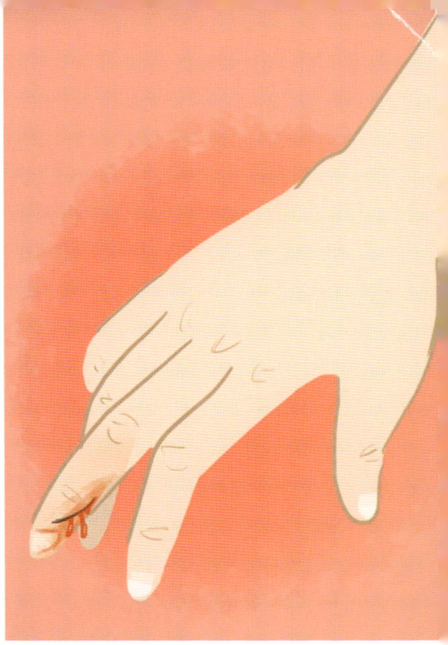

Pourquoi a-t-on un plâtre quand on se casse un os ?

Pour que l'os cassé puisse se ressouder ! Une fois qu'il est remis dans la bonne position, il ne doit plus bouger. On enlève le plâtre dès que l'os est réparé !

Pourquoi fait-on des prouts ?

Quand on digère un repas, des gaz se forment dans le ventre. Ils voyagent jusqu'aux fesses, et on pète ! Selon ce qu'on a mangé, cela sent plus ou moins fort.

Les émotions

Pourquoi est-on jaloux ?

Tu as peut-être peur que tes parents t'aiment moins quand ils s'occupent de ton frère ou de ta sœur. Mais ce n'est pas le cas ! Chacun de vous a besoin d'attention.

Pourquoi crie-t-on quand on est en colère ?

Pour faire sortir sa colère : ça fait du bien de crier, ou de taper dans un coussin mais il ne faut jamais taper quelqu'un.

Pourquoi est-ce qu'on pleure ?

Les yeux sont toujours un peu humides. Une émotion forte, comme un gros chagrin ou une grande colère, fait couler plus de larmes que d'habitude. Ça fait du bien !

Pourquoi a-t-on peur du noir ?

Quand il fait sombre, tu imagines peut-être de terribles dangers ! En fait il n'y a pas de monstre sous le lit, et tu es en sécurité dans ta chambre, pas loin de tes parents. Tu peux leur parler de tes craintes, et penser à des choses agréables pour te rassurer.

Pourquoi on sursaute quand on est surpris ?

Lorsqu'il arrive une chose à laquelle on ne s'attend pas, comme un bruit très fort, nos muscles se contractent, dans un réflexe de protection.

Pourquoi est-ce qu'on se sent heureux soudain ?

Parce qu'on est avec des gens qu'on aime, qu'on se sent aimé et en sécurité, qu'on fait quelque chose qui nous plaît...
Et le bonheur, c'est important pour être en bonne santé !

VIVRE
ENSEMBLE

Pourquoi existe-t-il de nombreuses langues ?

Il y a des milliers d'années, les êtres humains se sont dispersés sur la Terre : chaque groupe a créé sa propre langue. Certaines sont de la même famille et se ressemblent : par exemple, « maman » se dit « mamá » en espagnol.

Pourquoi faut-il traverser quand le bonhomme est vert ?

Pour ne pas se faire renverser par une voiture. Quand le feu est rouge et le bonhomme vert, les voitures s'arrêtent et les piétons peuvent traverser en sécurité. Il faut quand même bien regarder à gauche puis à droite, par prudence.

Pourquoi est-ce qu'il ne faut pas montrer du doigt ?

Parce que la personne qu'on montre du doigt peut penser qu'on dit du mal d'elle. Toi, est-ce que tu aimerais qu'on te montre en parlant de toi, sans entendre ce qu'on dit ?

Pourquoi est-ce qu'on ne peut pas faire tout ce qu'on veut ?

Pour que les forts n'abusent pas des faibles ! Les règles de conduite et les lois aident les gens à mieux vivre ensemble. Par exemple, tu n'as pas le droit de voler les autres, et les autres n'ont pas le droit de te voler.

Pourquoi y a-t-il des gens en fauteuil roulant ?

Certaines personnes ne peuvent pas marcher, à cause d'une maladie ou d'un accident. Pour se déplacer, elles utilisent un fauteuil qui a des roues. Il existe aussi des handicaps invisibles, comme ne pas entendre les sons.

cherche et trouve

le feu vert

le voleur

le bébé

Vivre en harmonie

Pourquoi est-ce bien de dire « s'il te plaît » ?

La politesse aide à bien vivre ensemble. Si tu demandes poliment une chose à quelqu'un, il aura plus envie de te la donner, car il se sentira respecté.

Pourquoi c'est bien d'être gentil ?

Parce que c'est agréable de faire plaisir aux autres. Comment aimerais-tu qu'on agisse avec toi ? Tu préfères sans doute qu'on te traite gentiment ? Essaie de sourire et de parler d'un ton aimable, tu récolteras des sourires et de la douceur.

Pourquoi certaines personnes sont-elles racistes ?

Elles imaginent qu'elles sont supérieures aux personnes qui sont différentes d'elles, mais c'est faux : on est tous égaux et on a les mêmes droits !

Pourquoi est-ce qu'il faut prendre soin de ton animal ?

Il ressent des émotions, comme toi. Un animal de compagnie est un être vivant qui a besoin d'affection et de bons traitements. Tu es là pour le protéger.

Pourquoi est-ce qu'on te demande de prêter tes jouets ?

Si tu partages tes jouets, tu auras plus de chance que les autres enfants te prêtent leurs jouets à eux, et vous pourrez même jouer ensemble. Ensuite, tu récupères ce qui est à toi : tu n'as rien perdu !

Pourquoi les insultes, c'est interdit ?

Parce que cela peut blesser les gens. Demande-toi si tu aimerais qu'on t'insulte à cause de ta religion, de ta couleur de peau, de tes difficultés... Certaines injures sont même punies par la loi, comme les injures racistes ou sexistes.

À l'école

Pourquoi certaines personnes portent-elles des lunettes ?

Parce qu'elles ne voient pas bien ce qui se passe autour d'elles. Les verres des lunettes permettent de corriger la vision. Quand on est plus grand, on peut mettre des lentilles.

Pourquoi les enfants vont-ils à l'école ?

Pour apprendre à lire, écrire, compter et réfléchir. C'est important pour comprendre ce qui t'entoure, et avoir un métier qui te plaira quand tu seras adulte.

Pourquoi va-t-on à la cantine ?

Quand les parents travaillent, ou habitent loin de l'école, il n'est pas possible de manger à la maison le midi. C'est pourquoi beaucoup d'enfants vont manger à la cantine.

Pourquoi lève-t-on la main en classe ?

Pour que chacun parle à son tour et qu'on puisse s'écouter les uns les autres. Si on parle tous en même temps, on n'entend plus rien !

Pourquoi certains enfants sont-ils aidés par un adulte ?

Pour les enfants qui ont un handicap, le travail à l'école demande plus d'efforts qu'aux autres élèves. Un adulte les aide par exemple à écrire, ou à porter leurs affaires s'ils en ont besoin.

Pourquoi y a-t-il des récréations ?

Dans la classe on reste longtemps attentif et immobile : pour bien apprendre, on a besoin de faire des pauses. Et c'est aussi important de bouger et de s'amuser avec les copains.

Sport et art

Pourquoi les très vieilles photos sont-elles en noir et blanc ?

Il y a 200 ans, quand la photographie a été inventée, on a d'abord compris comment capter la lumière. À partir de 1861, on a trouvé des produits chimiques pour reproduire les couleurs.

Pourquoi y a-t-il 11 joueurs dans une équipe de foot ?

Peut-être parce que les chambres des internats anglais où le football est né comptaient 10 étudiants, à qui on ajoutait un surveillant pour garder le but.

Pourquoi Arcimboldo peignait-il des portraits composés de fruits ?

Ce peintre voulait montrer que l'empereur Maximilien II et sa cour étaient plus puissants que tout, et même que la nature : fleurs, fruits, branches se combinent pour former des visages, ils sont mis au service de l'être humain.

Pourquoi y a-t-il 5 anneaux sur le drapeau des J.O. ?

Ils symbolisent les 5 continents qui existent sur terre, car les jeux Olympiques unissent le monde entier lors de rencontres sportives.

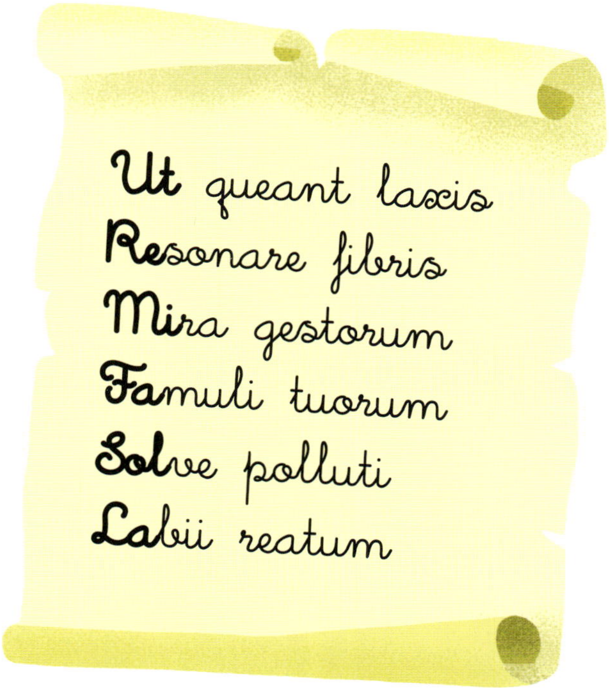

Pourquoi les notes de musique ont-elles des noms bizarres ?

Au début, les notes s’appelaient A, B, C et D. Puis, il y a mille ans, le moine Guy d’Arezzo a inventé un chant religieux pour aider ses élèves à chanter juste. Ce chant a ensuite servi à nommer les notes : Ut, Ré, Mi, Fa, Sol, La. Ut a changé de nom depuis, on l’appelle Do, et le Si est arrivé plus tard.

Pourquoi la danse, ce n’est pas que pour les filles ?

La danse est un art qui demande de la force et le sens du rythme. Que ce soit en danse classique, en flamenco ou en hip-hop, il y a plein de garçons qui dansent très bien !

Quand on est grand

Pourquoi les adultes travaillent-ils ?

Le travail permet de gagner de l'argent pour payer ce qu'on mange, l'endroit où on habite, les transports, les vêtements, les loisirs... Comme on y passe beaucoup de temps, il vaut mieux trouver un métier qu'on aime !

Pourquoi existe-t-il plein de métiers différents ?

Chacun a ses talents, et ils se complètent. Si on aime soigner on peut devenir médecin, infirmier, sage-femme... Si on aime conduire des engins, on travaillera sur des chantiers.

Pourquoi certaines personnes ne travaillent-elles pas ?

Car ce n'est pas toujours facile de trouver un emploi. On dit qu'elles sont au chômage. En France, les chômeurs touchent un peu d'argent le temps de trouver un emploi qui leur correspond.

Pourquoi le distributeur donne-t-il de l'argent ?

Il est relié à l'ordinateur de la banque, qui vérifie qu'on possède de l'argent sur notre compte bancaire. Le distributeur avale la carte, puis les billets demandés sortent par une fente, et la carte ressort.

Pourquoi certaines personnes travaillent-elles la nuit ?

Pour aider les gens, souvent. Quand il y a un feu, les pompiers viennent l'éteindre. Quand on est très malade, on peut aller aux urgences de l'hôpital. Le boulanger, lui, prépare le pain et les croissants, qui seront prêts à l'aube.

Pourquoi les parents sortent-ils parfois sans les enfants ?

Les adultes ont aussi besoin de s'amuser entre eux, comme toi avec tes copains. Et comme ils ont moins besoin de dormir, ils en profitent parfois pour sortir le soir, mais ils reviennent toujours pour s'occuper de toi !

Vive la famille !

Pourquoi a-t-on 4 grands-parents ?

Ton papa a un papa et une maman. Ta maman, elle aussi, a un papa et une maman. Donc tu as quatre grands-parents, deux grands-pères et deux grands-mères !

Pourquoi certains parents divorcent-ils ?

Il arrive que deux personnes ne s'entendent plus assez bien pour rester ensemble. Alors elles se séparent et vivent chacune de leur côté. Mais les deux parents aimeront toujours leurs enfants !

Pourquoi certains enfants ont-ils deux maisons ?

Quand leurs parents ne vivent plus ensemble, les enfants habitent parfois chez l'un des deux, parfois chez l'autre. Si un parent a fondé une nouvelle famille, l'enfant peut avoir des demi-frères et des demi-sœurs : cela s'appelle une famille recomposée.

Pourquoi y a-t-il des enfants adoptés ?

Parce que leurs parents sont morts ou qu'ils ne peuvent pas s'occuper d'eux. Alors des adultes, seuls ou en couple, les accueillent pour les aimer et former une famille.

Pourquoi est-ce qu'on meurt ?

Les humains naissent, grandissent, vieillissent… et meurent un jour. C'est pareil pour tout ce qui vit : les animaux et les plantes. Si quelqu'un que tu aimes meurt, il restera toujours présent dans tes souvenirs.

Pourquoi les cheveux deviennent-ils blancs ?

Le corps fabrique de la mélanine, qui donne leur couleur aux cheveux. Quand on vieillit, la mélanine est moins efficace et les cheveux blanchissent.

Les religions

Pourquoi les vaches sont-elles sacrées dans la religion hindoue ?

Selon les hindous, tous les dieux seraient nés du corps d'une vache miraculeuse, au début du monde. C'est pourquoi les vaches sont respectées, et décorées pendant les fêtes religieuses.

Pourquoi y a-t-il une crèche sous le sapin de Noël ?

Elle représente la naissance de Jésus, racontée dans la Bible. On pense qu'il est né la nuit de Noël, le 24 décembre, dans une étable !

Pourquoi Bouddha est-il assis en tailleur ?

Il est dans une position de réflexion profonde. Par la méditation et la sagesse, il enseigne qu'on peut arrêter d'avoir des désirs, donc arrêter de souffrir.

Pourquoi les musulmans font-ils le ramadan ?

C'est une façon de se laver de ses mauvaises actions. Pendant tout le mois de ramadan, les musulmans ne mangent pas et ne boivent pas durant la journée. Ils rompent ce jeûne après le coucher du soleil.

Pourquoi tout le monde ne croit-il pas en Dieu ?

Certains croient qu'un Dieu, ou des dieux, a créé tout ce qui existe et d'autres non : chacun a son avis et il faut le respecter !

Pourquoi les juifs portent-ils la kippa ?

Certains hommes juifs portent la kippa, sorte de petit chapeau, en signe de respect envers Dieu. C'est une tradition, pas une obligation, sauf dans une synagogue.

LA NATURE
AUTOUR DE TOI

Pourquoi est-ce que les abeilles butinent ?

Pour faire du miel ! Elles récoltent le nectar des fleurs et l'apportent dans la ruche. Là, d'autres abeilles le transforment en miel, qui va nourrir les larves de leur reine.

Pourquoi l'herbe est-elle verte ?

Elle contient de la chlorophylle verte qui absorbe la lumière du soleil, la transforme en énergie, et permet à l'herbe de pousser.

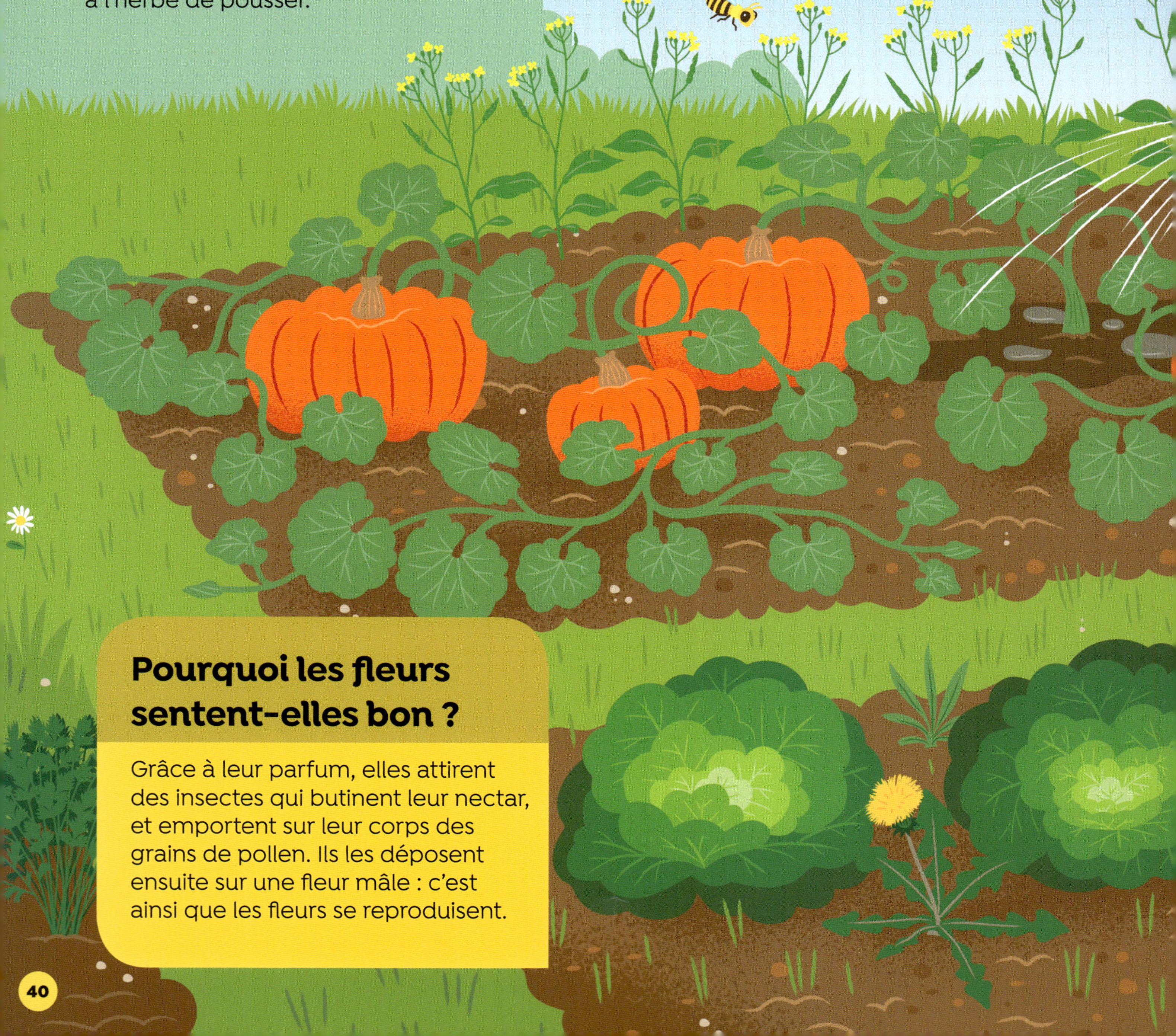

Pourquoi les fleurs sentent-elles bon ?

Grâce à leur parfum, elles attirent des insectes qui butinent leur nectar, et emportent sur leur corps des grains de pollen. Ils les déposent ensuite sur une fleur mâle : c'est ainsi que les fleurs se reproduisent.

Pourquoi les fruits sont-ils sucrés ?

La chair du fruit sucré attire les oiseaux, alors ils la mangent, avec la graine cachée à l'intérieur. Quand ils font caca, ils déposent la graine loin de l'arbre qui lui a donné naissance. C'est ainsi que les plantes voyagent.

Pourquoi les feuilles ont-elles des tailles différentes ?

Elles s'adaptent au climat. Dans les zones chaudes et humides, les plantes ont de très grandes feuilles, qui leur permettent de se rafraîchir. Dans les endroits plus froids, les feuilles sont plus petites, pour résister au gel !

Les animaux familiers

Pourquoi les chiens se reniflent-ils ?

Pour savoir à qui ils ont affaire ! Quand deux chiens se rencontrent, ils se flairent les oreilles, la gueule et la base de la queue. Ces endroits produisent des phéromones. L'odeur de ces substances chimiques dit si le chien a peur, est sûr de lui…

Pourquoi les chiens tirent-ils la langue ?

C'est leur façon de se rafraîchir quand ils ont trop chaud car ils transpirent uniquement par les coussinets de leurs pattes ! Comme leur langue contient plein de vaisseaux sanguins, cela refroidit peu à peu tout leur corps.

Pourquoi ne peut-on pas avoir un gorille à la maison ?

C'est interdit ! Le gorille est un animal sauvage, et son espèce est protégée. Les animaux sauvages sont heureux en liberté, avec leur famille, dans leur environnement naturel.

Pourquoi le paon fait-il la roue ?

Pour attirer l'attention des paonnes et être choisi : ainsi, il se reproduira et aura des petits paonneaux.

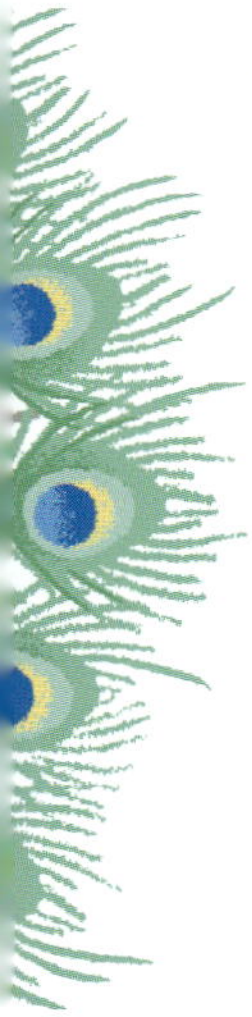

Pourquoi faut-il changer la litière des chats ?

Les chats sont des animaux qui apprécient la propreté. Si leur litière est sale, il leur arrive de faire pipi et caca dans un autre endroit de la maison.

Pourquoi les chats ont-ils des moustaches ?

Ces longs poils sensibles leur servent à sentir ce qui se trouve autour d'eux, comme les obstacles et les mouvements de l'air. Ils en possèdent aussi au-dessus des yeux et derrière les pattes avant. On appelle ces poils des vibrisses.

La mer

Pourquoi est-ce que la mer monte et descend ?

À cause de la Lune, qui tourne autour de la Terre : quand elle passe au-dessus d'un océan, elle attire l'eau, qui se retire des côtes. C'est la marée basse.

Pourquoi l'eau de mer est-elle salée ?

Depuis des millions d'années, les roches des rivières et des fonds marins s'usent, et le sel qu'elles contiennent se mêle à l'eau de mer.

Pourquoi les moules s’accrochent-elles aux rochers ?

Pour respirer et pour manger ! Elles profitent du mouvement de l’eau, dans la zone où la marée monte et descend, pour respirer grâce à leurs branchies, et filtrer le plancton qui passe. Elles se fixent grâce à une sorte de colle très forte qu’elles fabriquent.

Pourquoi y a-t-il des vagues ?

Au large, le vent agite la surface de l’eau, ce qui crée de la houle. Quand la houle atteint un endroit où l’eau est moins profonde, elle se soulève et devient une grosse vague !

Pourquoi les crabes marchent-ils de côté ?

Pas facile de se déplacer avec une carapace si large : c’est comme si tu devais avancer avec une grosse armure. En marchant de côté, ils vont plus vite !

Pourquoi y a-t-il du sable sur la plage ?

Le vent, la pluie et l’eau de mer usent les roches, qui deviennent de minuscules grains de sable au bout de milliers d’années.

Les saisons

Pourquoi y a-t-il des arcs-en-ciel ?

La lumière est composée de 6 couleurs : rouge, orange, jaune, vert, bleu et violet. Elles se décomposent dans l'arc-en-ciel, quand la lumière du soleil se reflète sur les gouttes d'eau de pluie.

Pourquoi les feuilles tombent-elles en hiver ?

Quand elles meurent, les feuilles tombent et pourrissent, ce qui enrichit la terre. Les arbres se reposent. De nouvelles feuilles vertes pousseront au printemps.

Pourquoi y a-t-il des éclairs ?

Quand il y a de l'orage, l'air est chargé d'électricité. On voit des éclairs, et on entend le tonnerre qui gronde. Si l'éclair atteint le sol, la foudre tombe.

Pourquoi est-ce qu'il pleut ?

De minuscules gouttes d'eau s'évaporent de la mer, des lacs, des rivières… et montent vers le ciel où elles forment des nuages. Quand ces gouttes d'eau deviennent lourdes, elles tombent… et il pleut.

Pourquoi les nuages ont-ils des formes rigolotes ?

Cela dépend de leur hauteur et de la température de l'air qui s'y accumule. Le cumulonimbus est en forme d'enclume : il annonce la pluie et souvent l'orage. Les cumulus se forment par beau temps : ils ne sont pas assez froids pour que leur vapeur d'eau se transforme en gouttes de pluie.

Pourquoi appelle-t-on le printemps « la saison des amours » ?

C'est le moment de l'année où la plupart des mammifères se reproduisent. Le temps est plus doux, il y a davantage à manger, donc les petits naîtront dans les meilleures conditions possibles.

En montagne et en forêt

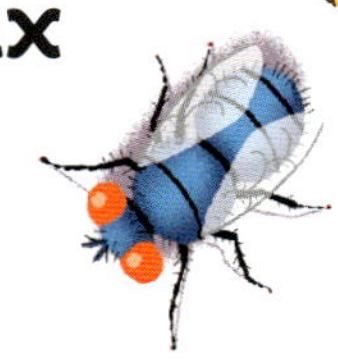

Pourquoi les oiseaux et les insectes disparaissent-ils ?

À cause des activités humaines, comme l'agriculture intensive qui laisse peu d'endroits aux oiseaux pour faire leurs nids. Les insectes sont aussi victimes de certains produits chimiques répandus dans les champs.

Pourquoi l'eau des rivières coule-t-elle ?

L'eau des sources d'altitude vient des réserves des sous-sols et de l'eau des glaciers qui fond quand il fait chaud. Elle descend des montagnes jusqu'aux fleuves, qui se jettent dans la mer.

Pourquoi les marmottes dorment-elles en hiver ?

Pour économiser leur énergie. Elles passent la saison froide cachées, profondément endormies la plupart du temps. On dit qu'elles hibernent. Quand elles se réveillent au printemps, elles ont beaucoup maigri, elles ont très faim et cherchent vite à manger !

Pourquoi y a-t-il des grottes ?

L'eau qui coule sous la terre creuse les roches les plus tendres, comme le calcaire. Au fil du temps, cette érosion forme de longues galeries et des grottes.

Pourquoi y a-t-il de la neige en haut des montagnes ?

Il y fait très froid ! Alors l'eau reste sous forme de neige. Quand une montagne n'est pas très haute, la neige fond au printemps, sinon on parle de « neiges éternelles ».

Pourquoi ne peut-on pas manger tous les champignons ?

Certains champignons, comme l'amanite tue-mouches, sont toxiques : ils rendent très malades. Il ne faut pas les manger, ni même les toucher !

L'écologie

Pourquoi est-ce mieux de manger des fruits et légumes de saison ?

En consommant des aliments produits près de chez toi, tu respectes le rythme de la nature et tu consommes moins d'énergie car ils voyagent moins.
Régale-toi par exemple de pommes et de poireaux en hiver, d'abricots et de tomates en été !

Pourquoi y a-t-il des éoliennes ?

La force du vent fait tourner les pales et permet de fabriquer de l'électricité sans produire de gaz réchauffant l'atmosphère. On peut installer des éoliennes sur la terre mais aussi sur la mer. Le vent est une énergie renouvelable, car il y en aura toujours, contrairement au pétrole ou au gaz.

Pourquoi est-ce qu'on trie les déchets ?

Certains déchets peuvent être réutilisés pour fabriquer de nouveaux objets ou enrichir la terre. Mais le mieux est de limiter leur production, en achetant des produits avec moins d'emballages, par exemple.

Pourquoi le plastique est-il dangereux pour la nature ?

Les objets en plastique se dégradent très lentement. Du polystyrène met 50 ans à disparaître, un emballage de bonbon, 5 ans ! Le plastique pollue les mers. Certaines tortues Luth s'étouffent car elles prennent les sacs plastiques pour des méduses.

Pourquoi on ne peut pas toujours avoir de nouveaux jouets ?

Comme tous les objets, leur fabrication pollue la planète, alors il faut bien prendre le temps pour choisir un jouet qui durera longtemps...

Pourquoi faut-il économiser l'eau ?

L'eau est précieuse. Les plantes, les animaux et les humains en ont besoin pour vivre. Mais on en consomme beaucoup pour nourrir les animaux d'élevage, ou fabriquer les vêtements en coton par exemple.

LES **ANIMAUX** DU MONDE

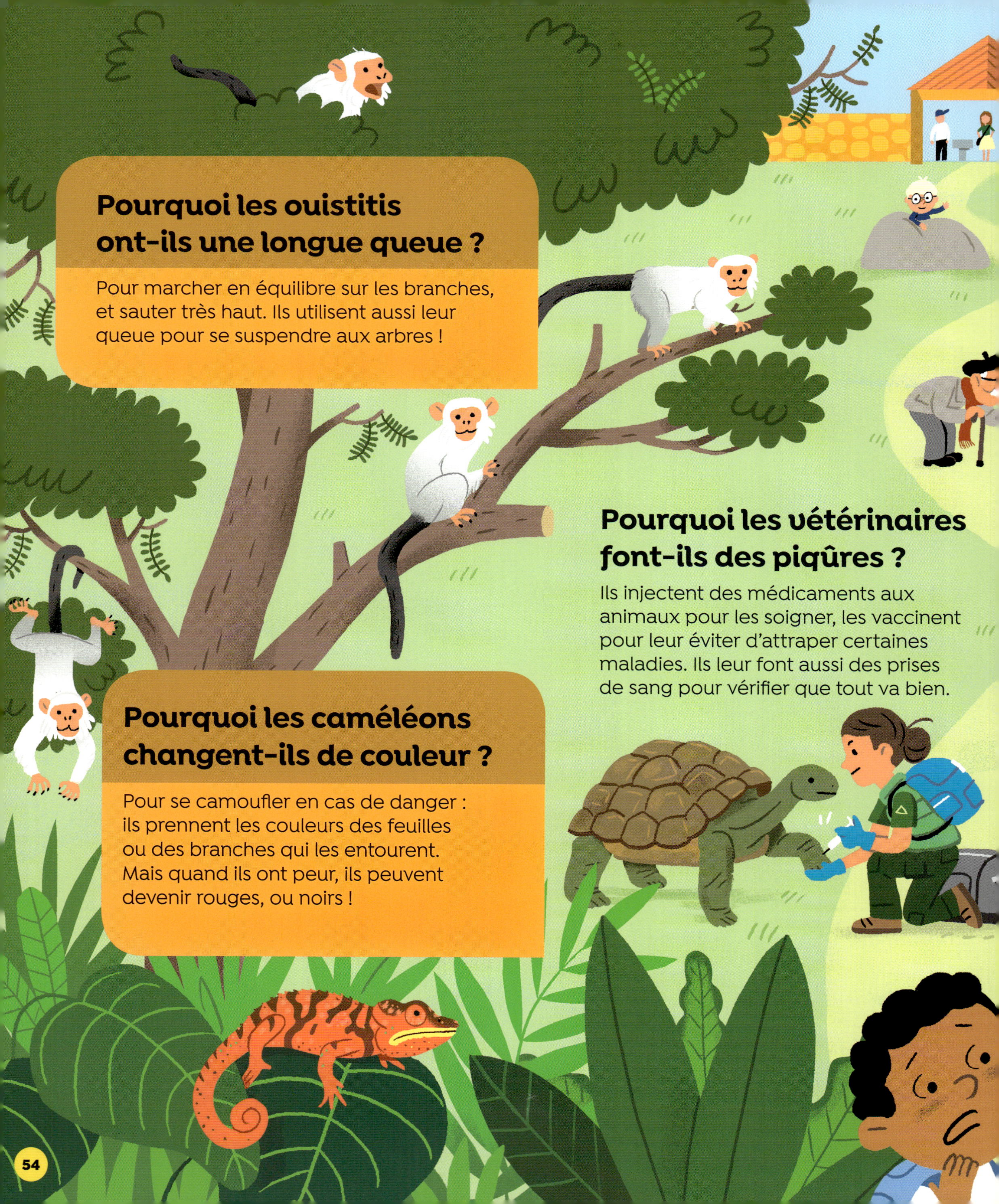

Pourquoi les ouistitis ont-ils une longue queue ?

Pour marcher en équilibre sur les branches, et sauter très haut. Ils utilisent aussi leur queue pour se suspendre aux arbres !

Pourquoi les caméléons changent-ils de couleur ?

Pour se camoufler en cas de danger : ils prennent les couleurs des feuilles ou des branches qui les entourent. Mais quand ils ont peur, ils peuvent devenir rouges, ou noirs !

Pourquoi les vétérinaires font-ils des piqûres ?

Ils injectent des médicaments aux animaux pour les soigner, les vaccinent pour leur éviter d'attraper certaines maladies. Ils leur font aussi des prises de sang pour vérifier que tout va bien.

Pourquoi les dromadaires ont-ils une bosse ?

C'est une réserve de graisse qu'ils fabriquent à partir de ce qu'ils mangent et boivent. Ainsi ils sont capables de marcher 20 jours dans le désert sans rien avaler.

Pourquoi certains perroquets parlent-ils ?

Parce que leur langue souple et leur larynx ressemblent à ceux des humains. En général, les perroquets imitent des sons sans les comprendre. En fait, ils ne parlent pas vraiment !

Pourquoi les serpents changent-ils de peau ?

Quand un serpent grandit, il doit abandonner son ancienne peau, devenue trop petite, pour une nouvelle. On dit qu'il mue.

Les animaux étonnants

Pourquoi les flamants roses sont-ils roses ?

Parce qu'ils mangent des aliments roses : certaines crevettes et une algue de couleur rose donnent cette jolie teinte à leur plumage.

Pourquoi les kangourous se boxent-ils ?

Pour obtenir ou garder une femelle kangourou, lors de la reproduction. Ils se dressent sur leurs pattes arrière et se donnent des coups, ce qui fait penser à de la boxe.

Pourquoi les autruches ne volent-elles pas ?

Au temps des dinosaures, il existait des sortes d'autruches qui volaient, puis l'espèce a évolué. Ces oiseaux sont très lourds, ils ne possèdent pas les muscles permettant de battre des ailes. En revanche, les autruches courent très vite !

Pourquoi les mamans koalas gardent-elles leur bébé dans une poche ?

Quand il sort du ventre de sa maman, le bébé koala est minuscule et encore très fragile. Il grimpe jusqu'à la poche, y entre, s'accroche à la mamelle, et tète au chaud pendant plusieurs mois : comme ça, il grandit à l'abri !

Pourquoi le papa manchot couve-t-il l'œuf ?

Cela permet à la maman, qui n'a rien mangé depuis 50 jours, de partir en mer se nourrir de poissons : c'est un long voyage. Pendant ce temps, le papa garde l'œuf au chaud, entre ses pattes et le duvet de son ventre.

Pourquoi les pandas mangent-ils tout le temps ?

Parce que le bambou n'apporte pas énormément d'énergie : les grands pandas doivent en manger beaucoup... Ça les occupe 12 heures par jour !

Les petites bêtes

Pourquoi les araignées tissent-elles une toile ?

Pour y piéger de petites proies. Les mouches et les moustiques s'y collent en volant, et ne peuvent pas repartir. L'araignée vient ensuite se servir dans ce garde-manger.

Pourquoi les fourmis ont-elles une reine ?

C'est elle qui pond tous les œufs. Les ouvrières défendent la colonie et nourrissent les larves jusqu'à ce qu'elles deviennent des fourmis adultes, un ou deux mois après la ponte.

Pourquoi les hiboux dorment-ils le jour ?

Ce sont des animaux nocturnes, adaptés à la vie de nuit. Ils voient très bien quand il fait sombre et en profitent pour chasser les rongeurs. Quand il fait jour, ils rentrent dormir !

Pourquoi la mouche marche-t-elle au plafond ?

Au bout de chacune de ses 6 pattes, la mouche possède une sorte de ventouse. De plus, elle fabrique un liquide collant qui lui permet de ne pas tomber quand elle se promène à l'envers.

Pourquoi ne voit-on jamais de bébé papillon ?

Le bébé papillon, c'est la chenille ! Elle se transforme en papillon dans le secret du cocon. L'insecte change alors complètement de forme et devient un papillon, c'est-à-dire un insecte adulte capable de voler et de se reproduire.

Pourquoi l'escargot laisse-t-il une traînée brillante ?

Quand il rampe sur son gigantesque pied pour avancer, l'escargot fabrique cette bave qui lui évite de se blesser sur les pierres et les objets pointus.

À la ferme

Pourquoi les chevaux dorment-ils debout ?

Pour être prêts à fuir s'ils se sentent en danger ! Quand les chevaux s'endorment, ils bloquent l'articulation de leurs genoux : ainsi, ils ne tombent pas, même en dormant !

Pourquoi élève-t-on des animaux ?

Les humains sont omnivores : ils peuvent manger de tout. On élève des animaux pour consommer de la viande, du lait, des œufs… Certaines personnes décident de ne plus manger de viande : elles sont végétariennes.

Pourquoi la truie a-t-elle autant de tétines ?

Parce qu'elle peut avoir 12 ou 14 petits en une fois ! Plus il y a de tétines et plus les porcelets peuvent s'alimenter sans se chamailler.

Pourquoi la vache fait-elle du lait ?

Pour nourrir le veau qui vient de naître. Et si on trait une vache tous les jours, elle continue à donner du lait. On peut le boire ou le transformer en yaourts, en beurre, en fromage.

Pourquoi les moutons sont-ils tondus ?

Parce qu'on veut se servir de leur laine : une fois lavée, colorée et tissée, elle permet de fabriquer des vêtements, des couvertures…

Pourquoi le poussin a-t-il un diamant ?

Pour casser la coquille et en sortir. Le diamant est un petit morceau de calcaire dur situé sur le dessus du bec de l'oisillon.

Dans la mer

Pourquoi les poissons vivent-ils dans l'eau ?

C'est là qu'ils respirent grâce à leurs branchies. Quand ils sont à l'air libre ils ne peuvent pas respirer et leur peau se dessèche : ils meurent.

Pourquoi les dauphins sautent-ils ?

Pour jouer ensemble ! Ils peuvent aussi sauter quand ils chassent en groupe : cela leur permet de mieux surprendre les poissons.

Pourquoi les pieuvres ont-elles des bras ?

Leurs huit bras leur servent à se déplacer. Elles les utilisent aussi pour emprisonner leurs proies puis les apporter jusqu'à leur bouche : coquillages, crustacés, poissons… L'un des bras du mâle s'est spécialisé dans la reproduction.

Pourquoi les baleines crachent-elles de l'eau ?

En fait, elles crachent de l'air froid qui forme des gouttelettes d'eau au contact de l'air extérieur, plus chaud. Chaque espèce a sa forme de jet : la baleine franche en souffle deux, la baleine bleue un seul bien droit…

Pourquoi certains requins ont-ils beaucoup de dents ?

Pour être toujours prêts à chasser : quand une rangée de dents se casse, une nouvelle pousse à la place. Certaines espèces possèdent jusqu'à 20 rangées de dents.

Dans la savane africaine

Pourquoi les lions ont-ils une crinière ?

Cela montre qu'ils sont des mâles adultes. Leur crinière les protège aussi des morsures lors des combats.

Pourquoi les rhinocéros barbotent-ils dans la boue ?

Les bains de boue leur permettent de se débarrasser des insectes qui les piquent. Ils en profitent pour boire et se rafraîchir !

Pourquoi les pique-bœufs s'installent-ils sur le rhinocéros ?

Ils mangent les petites bêtes qui boivent le sang du rhinocéros, et ils nettoient ses blessures en picorant les peaux mortes. De plus, quand ils voient un danger, ils s'envolent en faisant du bruit : cela alerte le rhinocéros !

Pourquoi les éléphants ont-ils une trompe ?

Leurs défenses les empêchent d'attraper directement la nourriture : ils se servent donc de leur trompe pour porter l'eau et la nourriture jusqu'à leur bouche.

Pourquoi les girafes ont-elles un long cou ?

Pour manger les feuilles qui poussent tout en haut des arbres. Quand elles veulent boire, elles écartent les pattes avant pour pouvoir baisser la tête jusqu'à l'eau.

Pourquoi les zèbres sont-ils rayés ?

Comme chaque animal a ses propres zébrures, les membres d'un groupe se reconnaissent entre eux. Et les taons piquent moins les animaux à robe rayée.

LA TERRE ET **L'ESPACE**

Pourquoi est-ce qu'il y a de l'eau sur Terre ?

C'est arrivé il y a des millions d'années. Elle vient de la vapeur d'eau contenue dans les éruptions volcaniques, et dans les comètes au cœur de glace qui bombardaient la surface de la Terre.

Pourquoi les volcans crachent-ils de la lave ?

Sous la croûte terrestre, il y a des roches si brûlantes qu'elles ont fondu. Quand elles remontent à la surface par la cheminée d'un volcan, elles forment ce qu'on appelle de la lave. C'est l'éruption !

Pourquoi y a-t-il la terre et la mer ?

À l'origine, la surface de la Terre était brûlante. En refroidissant, elle a pris de drôles de formes, avec des creux et des bosses. Il y a 4 milliards d'années, les pluies se sont accumulées dans les creux, qui sont devenus des mers.

Pourquoi y a-t-il des montagnes ?

La surface de la terre est formée de grandes plaques qui glissent les unes contre les autres. Parfois, sous le choc, des roches tendres se soulèvent et font de grands plis : ce sont les montagnes.

Pourquoi est-il impossible d'aller au centre de la Terre ?

Il faudrait traverser le manteau terrestre, très dur, qui mesure environ 30 km, puis passer dans le magma, où il fait si chaud que les roches fondent ! On arriverait alors au centre de la Terre, où se trouve un noyau dur de fer et de nickel.

Pourquoi y a-t-il des îles ?

Ce sont des montagnes ou des volcans sous-marins si hauts que leur sommet dépasse de la surface de la mer. D'autres îles sont simplement des morceaux de continent séparés du morceau principal par de la mer.

La planète de la vie

Pourquoi appelle-t-on la Terre « la planète bleue » ?

Vue du ciel, elle apparaît toute bleue car 70 % de sa surface est couverte d'eau, ce qui permet à la vie d'exister sur notre planète.

Pourquoi, quand il fait jour à Paris, fait-il nuit en Alaska ?

Parce que la Terre tourne sur elle-même. Quand le Soleil éclaire la France, il n'éclaire pas l'Alaska, qui est de l'autre côté de la Terre.

Pourquoi y a-t-il plusieurs continents ?

Il y a 20 millions d'années, il existait un seul grand continent : la Pangée. Elle s'est lentement cassée en grands morceaux, qui se sont éloignés les uns des autres : ce sont les continents actuels, l'Eurasie, l'Amérique, l'Afrique, l'Océanie et l'Antarctique.

Pourquoi certains oiseaux migrent-ils ?

Ils passent l'été dans les régions du Nord. Puis, à l'arrivée de la saison froide, ils s'envolent vers le Sud, où le climat est plus doux, pour s'y reproduire.

Pourquoi le ciel est-il bleu ?

La lumière du soleil est blanche : elle est un mélange de toutes les couleurs de l'arc-en-ciel. Mais l'atmosphère, c'est-à-dire l'air qui nous entoure, laisse surtout passer le bleu : voilà pourquoi le ciel nous paraît bleu !

Pourquoi n'y a-t-il que des manchots au pôle Sud ?

Sur ce continent glacé, où la température moyenne est de – 50° C, il faut être spécialement équipé, comme les manchots ! Ils sont protégés du froid par une couche de graisse et de petites plumes très isolantes.

Le système solaire

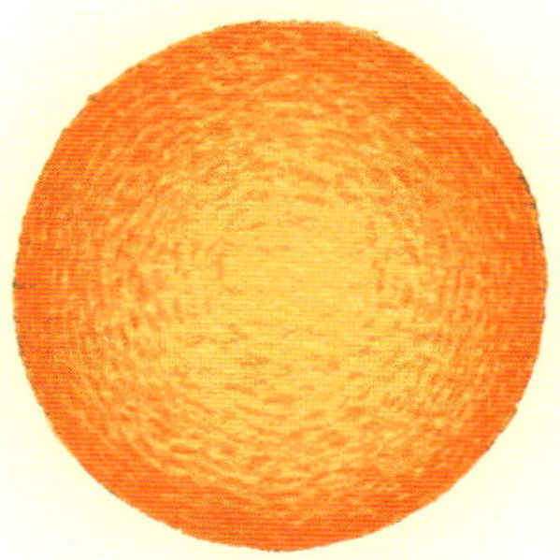

Pourquoi le Soleil nous éclaire-t-il ?

Parce que c'est une étoile, comme celles qu'on voit briller dans le ciel la nuit, mais beaucoup plus proche de nous : c'est pour cela qu'on ressent sa chaleur et sa lumière.

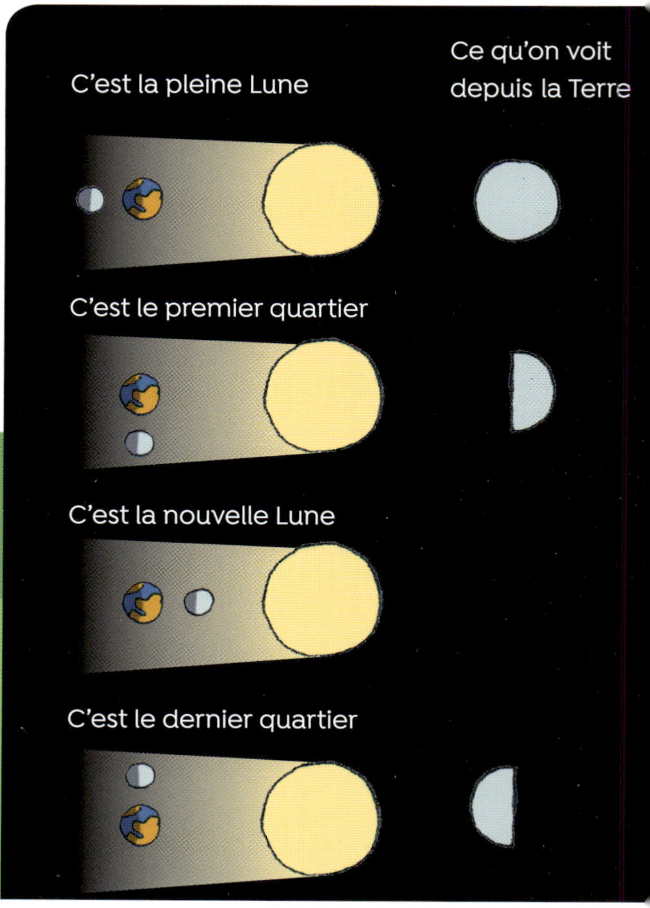

Pourquoi la Lune change-t-elle de forme ?

La Lune est toujours ronde, mais on ne voit que la partie éclairée par le Soleil. Et cela change chaque jour, car la Lune tourne autour de la Terre, qui tourne autour du Soleil, ce qui change la forme des ombres. Le cycle de la Lune recommence tous les 28 jours.

Pourquoi les étoiles disparaissent-elles le jour ?

Ces énormes boules de gaz brûlent pendant des milliards et des milliards d'années. Elles sont si éloignées de nous qu'elles nous apparaissent comme de simples points lumineux. Dans la journée nous ne les voyons pas, car la lumière du Soleil est trop vive.

Pourquoi y a-t-il des anneaux autour de Saturne ?

Ce sont des bouts de glace, de poussières et de cailloux qui tournent autour de cette grande planète gazeuse. Ils sont en orbite : à la fois attirés et repoussés par Saturne.

Pourquoi est-ce qu'on flotte dans l'espace ?

Parce que le corps n'est pas attiré par la Terre. Les astronautes sont en impesanteur, ils flottent. Et tous les objets autour d'eux aussi !

Pourquoi est-ce qu'on ne vit pas sur d'autres planètes ?

Car il nous faut de l'eau, de l'air respirable et de la lumière pour vivre. Pour l'instant, on ne connaît que la Terre qui offre tout cela.

Explorer l'univers

Pourquoi envoie-t-on des robots dans l'espace ?

Ils vont là où les humains ne peuvent pas encore aller, près du Soleil et sur certaines planètes trop lointaines. Le robot Curiosity explore ainsi le sol de la planète Mars.

Pourquoi y a-t-il des satellites dans le ciel ?

Sans les satellites artificiels construits par les humains, les GPS ne fonctionneraient pas ! Certains satellites servent aussi à prendre des photos de la Terre et à étudier l'évolution du climat. D'autres, situés plus loin, retransmettent les programmes de la télévision.

Pourquoi y a-t-il des flammes quand une fusée s'élève ?

Le lanceur de la fusée a des moteurs très puissants ! C'est leur mise à feu qui crée ces flammes : le carburant brûle.

Pourquoi les hommes sont-ils allés sur la Lune ?

En 1969, les Américains ont envoyé Armstrong et Aldrin marcher sur la Lune pour savoir si son sol contenait des métaux précieux. Ils ont été déçus. Mais depuis, une sonde y a découvert un autre trésor : de l'eau !

Pourquoi faut-il une combinaison pour sortir dans l'espace ?

Elle permet à l'astronaute de respirer, de rester en contact radio, le protège du froid, du chaud et des rayons du Soleil lorsqu'il sort autour de l'ISS (Station spatiale internationale).

Pourquoi ne peut-on pas aller en vacances dans l'ISS ?

Vivre dans la station spatiale internationale, cela coûte très cher et demande un entraînement spécial ! Ceux qui y vont sont des scientifiques et des ingénieurs qui font des expériences. Mais de rares milliardaires peuvent s'y offrir un voyage exceptionnel.

AU FIL DES ÉPOQUES

Pourquoi certains dinosaures étaient-ils géants ?

Au Jurassique, ils avaient beaucoup à manger, et peu de prédateurs. Certains se sont donc développés jusqu'à devenir aussi hauts qu'un immeuble de 6 étages !

Pourquoi les stégosaures avaient-ils des épines sur la queue ?

Cela leur permettait de se défendre contre les carnivores qui les attaquaient, comme l'allosaure. Leur queue était très souple, ils s'en servaient comme d'une arme.

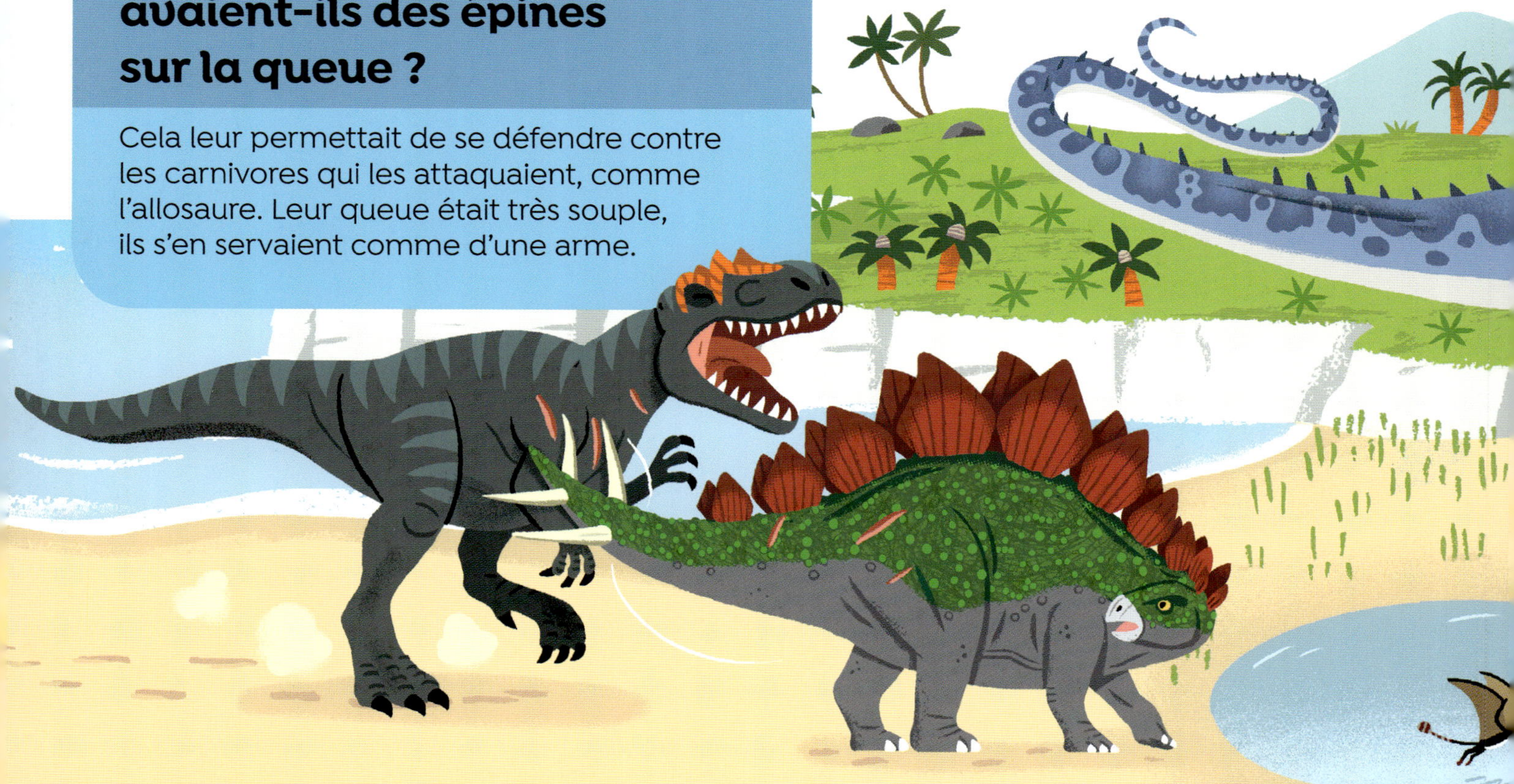

Pourquoi les dinosaures naissaient-ils dans des œufs ?

Car c'étaient des reptiles, comme les crocodiles actuels. Les œufs de dinosaures étaient minuscules par rapport aux adultes de la même espèce !

Pourquoi les diplodocus ont-ils un long cou ?

Leur cou, long de 6 mètres, leur permettait de se dresser pour atteindre les hauts feuillages et les manger.

Pourquoi les dinosaures ont-ils disparu ?

Il y a 66 millions d'années, des volcans sont entrés en éruption, puis un astéroïde est tombé près de l'actuel Mexique. Ces deux événements ont rempli l'atmosphère de poussière, masquant le soleil et entraînant la mort des plantes, donc des dinosaures herbivores, donc des dinosaures carnivores.

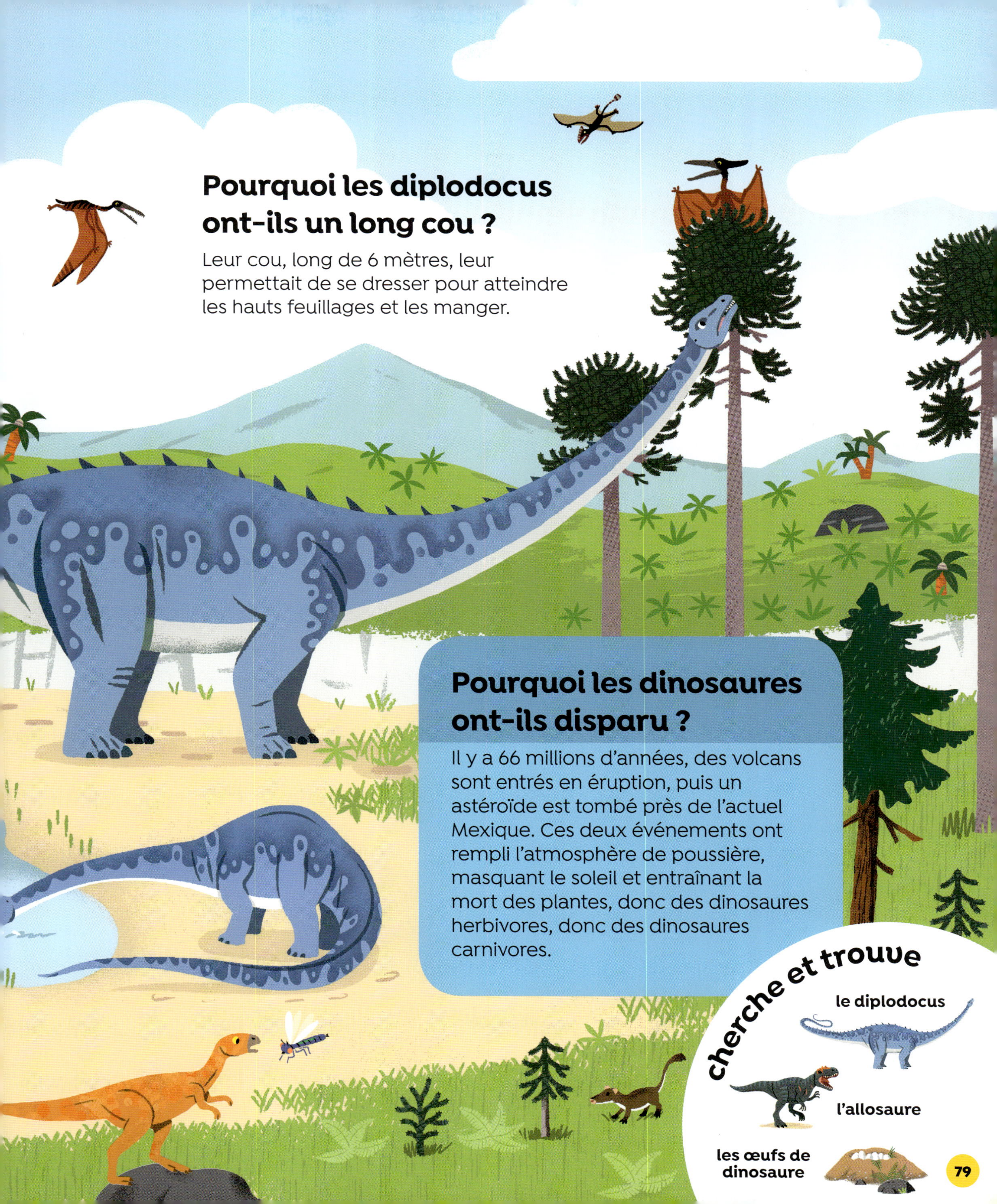

La préhistoire

Pourquoi Lucy était-elle toute petite ?

Cet australopithèque mesurait environ 1,10 mètre, ce qui lui permettait de grimper facilement aux arbres. Certains scientifiques se demandent si Lucy n'était pas de sexe masculin !

Pourquoi dit-on que nos ancêtres viennent d'Afrique ?

L'Afrique est le berceau de l'humanité, on y a retrouvé les plus anciennes traces de vie humaine. C'est à partir de là que de petits groupes d'humains se sont dispersés dans le monde.

Pourquoi dit-on que l'homme descend du singe ?

On se trompe quand on dit cela. Les chimpanzés et les autres grands singes actuels ont un ancêtre commun avec nous, mais nous ne savons pas exactement à quoi il ressemblait. Les singes sont donc plutôt nos cousins éloignés !

Pourquoi les hommes préhistoriques taillaient-ils le silex ?

Le silex, qui est très dur, leur servait à fabriquer des outils et des pointes de flèches. Ils le taillaient à l'aide de gros galets.

Pourquoi les mammouths avaient-ils des poils ?

L'espèce de mammouths la plus connue, le mammouth laineux, vivait dans des régions froides, et son pelage épais le protégeait bien. Ce cousin de l'éléphant, qui possédait des défenses de 3 mètres de long, a disparu à cause du réchauffement du climat.

Pourquoi les hommes préhistoriques dessinaient-ils dans les grottes ?

Pour communiquer des messages, qui restent mystérieux. Ces artistes dessinaient surtout des animaux, peut-être en espérant faire de bonnes chasses. Les grottes étaient probablement des lieux sacrés, et les humains n'y vivaient pas.

Le monde antique

Pourquoi les Chinois ont-ils construit la Grande Muraille ?

Afin de protéger le pays contre les attaques venant du Nord. La Muraille a aussi constitué une route unifiant le pays. Sa construction a duré 2 000 ans !

Pourquoi les Grecs construisaient-ils des temples ?

Pour y adorer les dieux en qui ils croyaient, leur faire des offrandes, et honorer leur statue. Les dieux et déesses les plus célèbres sont ceux de l'Olympe, dont Zeus était le roi.

Pourquoi Cléopâtre est-elle célèbre ?

Une femme pharaon, c'était rare ! Cette reine d'origine grecque s'est alliée à Jules César, puissant homme politique romain, pour renforcer son pouvoir sur l'Égypte.

Pourquoi les Égyptiens fabriquaient-ils des momies ?

Chaque Égyptien voulait être momifié après sa mort pour vivre une seconde vie, éternelle, dans le royaume du dieu Osiris.

Pourquoi parle-t-on de « chiffres arabes » ?

Ces chiffres ont été inventés en Inde dès le IIIe siècle, mais ce sont les Arabes qui les ont fait connaître en Europe au Xe siècle.

0, 1, 2,
3, 4, 5,
6, 7, 8,
9.

Pourquoi les gladiateurs se battaient-ils ?

Pour le plaisir des spectateurs et de l'empereur romain. Certains d'entre eux étaient des hommes libres avides d'argent, d'autres des esclaves voulant gagner leur liberté, d'autres encore, des bandits.

Les mystères des temps anciens

Pourquoi les chevaliers portaient-ils une lance ?

Pendant les joutes organisées par les seigneurs, les chevaliers devaient renverser leur adversaire avec une lance dont le bout était émoussé pour ne pas blesser.

Pourquoi y avait-il des châteaux forts ?

Les châteaux forts montraient la puissance des seigneurs, et c'était une défense contre les ennemis. L'appartement des seigneurs, situé dans le donjon, n'était pas très confortable, mais au moins il était sûr !

Pourquoi les rois portaient-ils une couronne ?

Pour montrer qu'ils étaient rois. En général, un évêque sacrait et couronnait le roi dans une cathédrale. C'était une façon de montrer que le Dieu des chrétiens reconnaissait cet homme comme le dirigeant du pays.

Pourquoi les samouraïs portaient-ils deux sabres ?

C'était la tradition pour ces chevaliers japonais : le sabre long, à lame un peu recourbée, était l'arme principale. L'autre, plus petite, servait aux combats au corps à corps.

Pourquoi les Mayas construisaient-ils des pyramides ?

C'étaient des temples immenses ! La plus haute pyramide de la cité de Tikal mesure 70 mètres de haut. À l'intérieur des petites pièces, les prêtres mayas accomplissaient des rites.

Pourquoi les Vikings voyageaient-ils ?

Pendant l'été, ils partaient en bateau pour faire du commerce vers la France, l'Angleterre, la Russie... Parfois, ils prenaient de force les richesses des villes et quelques aventuriers se sont installés en Islande et au Groenland. Leif Erikson est même arrivé jusqu'en Amérique du Nord bien avant Christophe Colomb !

Au temps des explorateurs et des rois

Pourquoi les Incas ont-ils construit la cité du Machu-Picchu ?

Cette cité-forteresse a sans doute été une résidence pour l'empereur, et un lieu religieux. Les Incas régnaient sur les très hautes montagnes des Andes, en Amérique du Sud : le Machu-Picchu culmine à 2 400 mètres d'altitude, et certains blocs de pierre mesurent 7 mètres de haut !

Pourquoi y avait-il des chevaliers jaguar chez les Aztèques ?

Ces guerriers, très expérimentés, avaient le droit de combattre coiffés d'un casque en forme de tête de jaguar quand ils avaient capturé quatre ennemis en une seule bataille !

Pourquoi le roi du Bénin portait-il des rangées de colliers ?

Pour montrer qu'il était le chef ! En effet, seul l'oba, roi du Bénin, pays d'Afrique, avait le droit de porter des colliers de corail, qui étaient très précieux.

Pourquoi Louis XIV a-t-il fait construire Versailles ?

Il voulait avoir le plus beau château d'Europe ! Il a fait agrandir et embellir le pavillon de chasse de son père, le roi Louis XIII, pour y loger sa famille et ses milliers de courtisans. C'est devenu une vraie petite ville.

Pourquoi Christophe Colomb a-t-il traversé l'océan Atlantique ?

Pour aller aux Indes en passant par l'ouest de l'Europe. Mais surprise, après avoir navigué un peu plus de deux mois, il est arrivé sur un continent qu'on ne connaissait pas à l'époque : l'Amérique !

Pourquoi Anne Bonny se déguisait-elle en homme ?

Elle voulait devenir pirate, et au XVIIIe siècle, c'était interdit aux femmes ! Alors elle a mis un habit d'homme et s'est fait appeler Adam pour naviguer avec Jack Rackham et Mary Read qui se faisait appeler William.

Les inventions modernes

Pourquoi les bateaux flottent-ils ?

Le savant grec Archimède, qui vivait dans l'Antiquité, a expliqué qu'un corps plongé dans l'eau reçoit une poussée du bas vers le haut qui s'oppose au poids de l'objet. Si un bateau reçoit cette poussée avant d'être complètement sous l'eau, il flotte, car il contient de l'air qui l'allège.

Pourquoi les sous-marins ne coulent-ils pas ?

Quand les marins veulent que l'appareil aille au fond de l'eau, ils remplissent les ballasts d'eau, ce qui l'alourdit. S'ils veulent remonter, ils expulsent l'eau. Grâce à l'air qui la remplace, le sous-marin devient plus léger et remonte, c'est la poussée d'Archimède.

Pourquoi certaines voitures fonctionnent-elles à l'électricité ?

C'est plus écologique, même si produire de l'électricité crée aussi de la pollution. Les voitures électriques sont silencieuses et ne polluent pas l'air car elles ne rejettent pas de dioxyde de carbone.

Pourquoi l'avion vole-t-il alors qu'il est très lourd ?

Grâce aux mouvements de l'air ! Les moteurs permettent à l'avion de décoller. Une fois que l'avion est dans le ciel, l'air qui passe au-dessus de ses ailes va plus vite que celui qui passe en dessous. Cette force qui va vers le haut s'appelle la portance.

Pourquoi y a-t-il des lumières au sommet des hautes grues ?

Pour que les avions aient le temps de les éviter. C'est utile sur les chantiers proches des aéroports. Les immeubles les plus grands sont parfois équipés de lumière rouge, aussi.

Pourquoi le métro roule-t-il sous terre ?

Il n'y avait plus de place en surface, dans les grandes villes. Le métro permet de se déplacer rapidement, en évitant les bouchons !

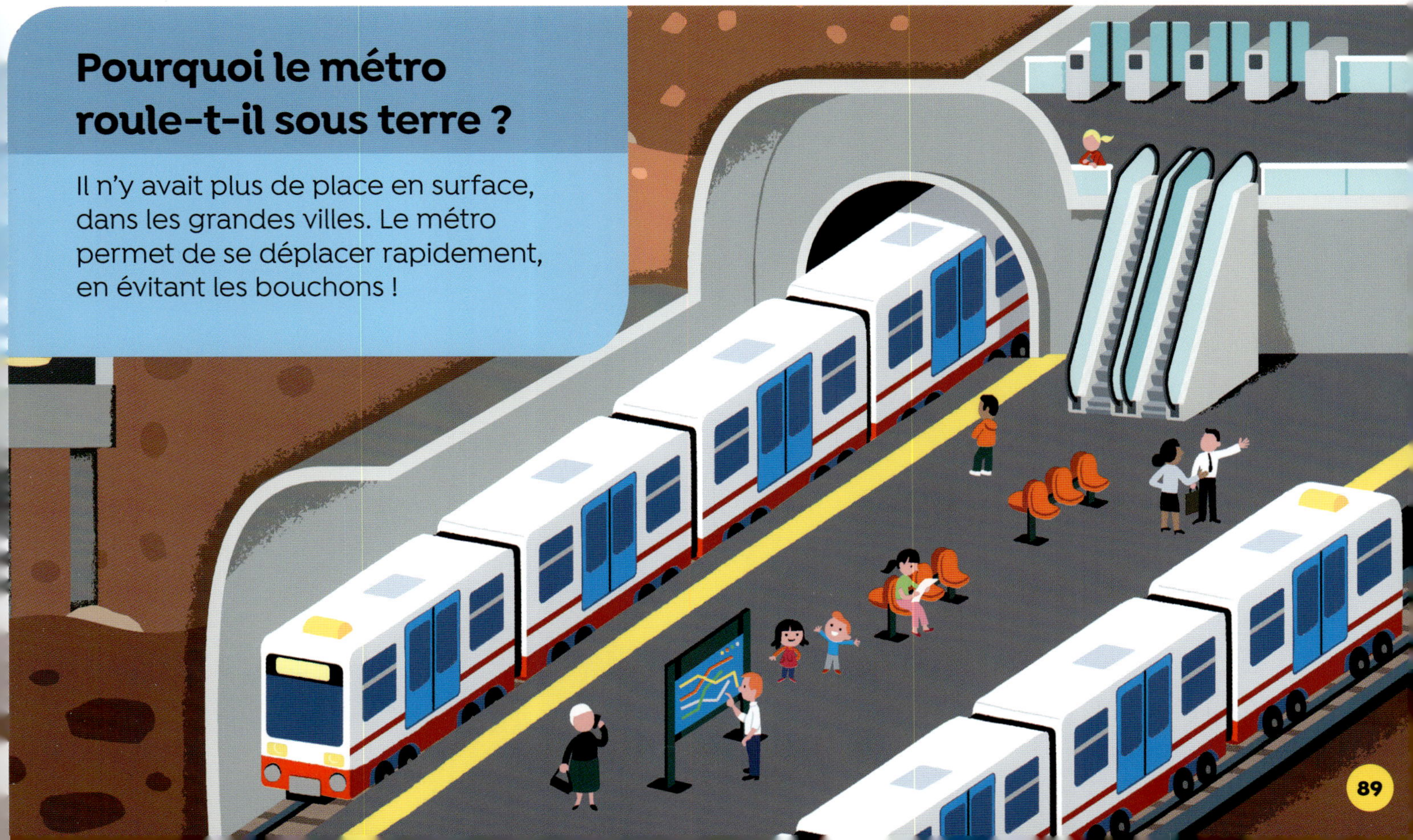

L'actualité

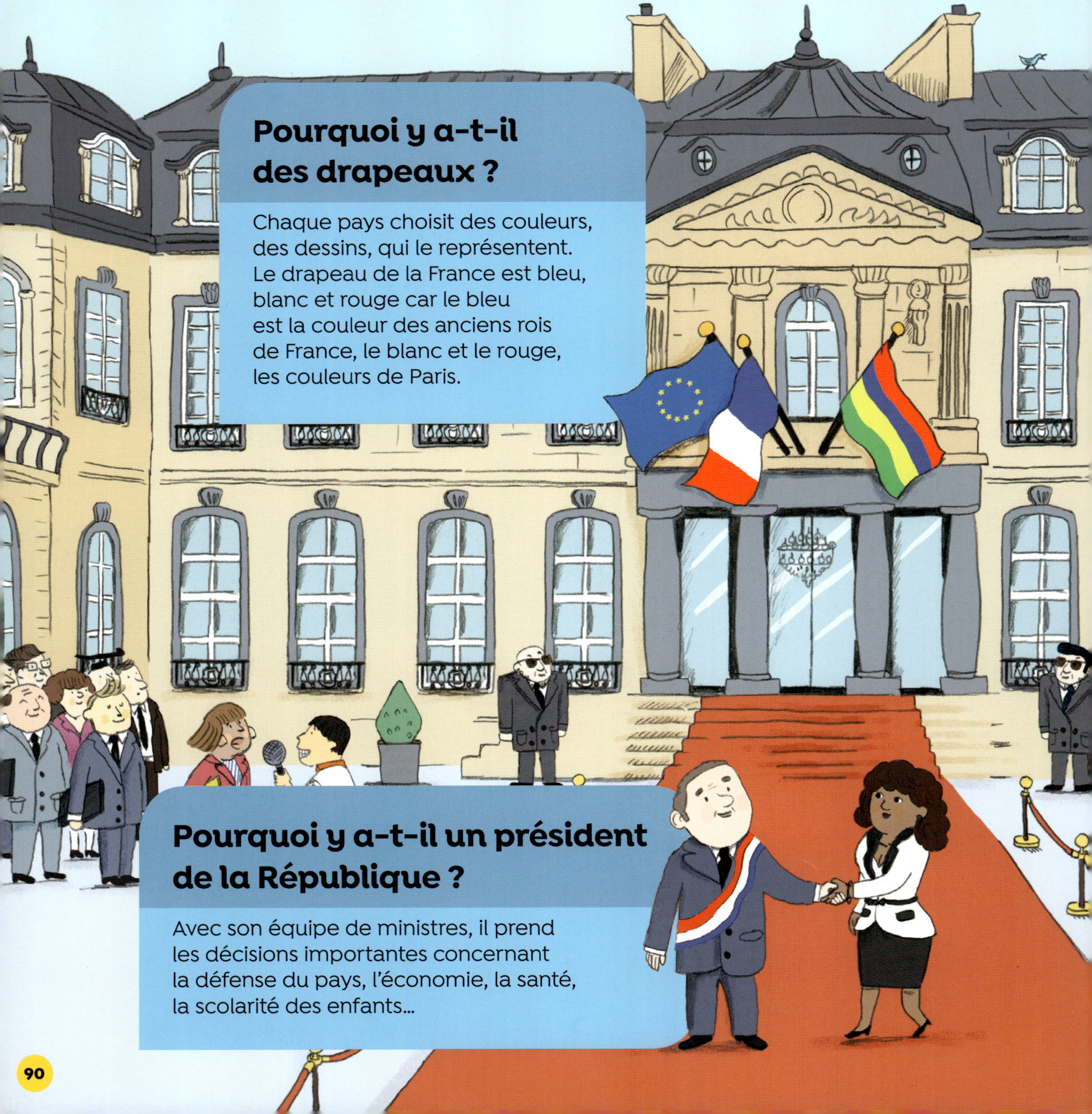

Pourquoi y a-t-il des drapeaux ?

Chaque pays choisit des couleurs, des dessins, qui le représentent. Le drapeau de la France est bleu, blanc et rouge car le bleu est la couleur des anciens rois de France, le blanc et le rouge, les couleurs de Paris.

Pourquoi y a-t-il un président de la République ?

Avec son équipe de ministres, il prend les décisions importantes concernant la défense du pays, l'économie, la santé, la scolarité des enfants...

Pourquoi est-ce qu'on vote ?

Les adultes votent pour élire le président de la République, les députés qui votent les lois, les maires qui dirigent les villes et les villages…

Pourquoi la devise de la France est-elle « Liberté, égalité, fraternité » ?

C'est l'idéal du pays : que tous les gens soient égaux, que tout le monde soit libre d'aller et venir, de penser ce qu'il veut en respectant la liberté des autres. Et la fraternité, c'est le fait d'aider les autres, comme s'ils étaient nos frères et nos sœurs.

Pourquoi est-ce qu'il y a des SDF ?

Les SDF, les Sans Domicile Fixe, sont des personnes qui sont trop pauvres pour payer un logement, souvent ils n'ont pas de travail, et vivent dans la rue.

Pourquoi y a-t-il des guerres ?

Quand les pays ou les peuples n'arrivent pas à se mettre d'accord entre eux, il arrive qu'ils se fassent la guerre. Cela peut être pour avoir un accès à la mer, pour rester indépendant… Les guerres font des morts et des blessés parmi les soldats mais aussi chez les habitants.

Le **QUIZ**

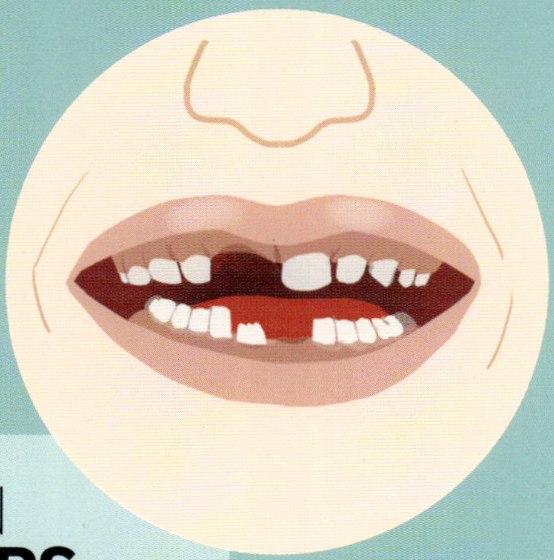

MON **CORPS**

❶ Pourquoi perd-on ses dents de lait ?

A. Elles fondent dans le lait qu'on boit.

B. Quand on grandit, elles tombent et sont remplacées par des dents d'adulte.

C. Elles sont emportées par une mystérieuse petite souris qui en fait collection.

VIVRE **ENSEMBLE**

❷ Pourquoi lève-t-on la main en classe ?

A. Pour parler avant tous les autres.

B. Pour bouger un peu, c'est embêtant d'être assis pendant des heures.

C. Pour que chacun ait son tour de parole. Le reste du temps, on écoute !

LA NATURE **AUTOUR DE TOI**

❸ Pourquoi les crabes marchent-ils de côté ?

A. Ça leur permet d'avancer plus vite.

B. Ils adorent être originaux : marcher comme tout le monde, ça les ennuie !

C. Pour passer plus facilement entre les rochers.

LES **ANIMAUX** DU MONDE

4 Pourquoi les pandas mangent-ils tout le temps ?

A. Ils sont très gourmands, ils mangent tout ce qu'ils trouvent, même des frites !

B. Ils ne mangent que des bonbons. Ils ne s'arrêtent que quand ça les rend malades.

C. Ils ne mangent que du bambou. Comme ce n'est pas très énergétique, ils doivent en avaler beaucoup.

LA TERRE ET **L'ESPACE**

5 Pourquoi est-il impossible d'aller au centre de la Terre ?

A. L'autoroute est en construction, on ne peut pas encore l'emprunter.

B. Il existait un chemin secret, mais plus personne ne sait où est l'entrée.

C. Il faudrait traverser le magma brûlant, c'est impossible.

AU FIL DES **ÉPOQUES**

6 Pourquoi les gladiateurs se battaient-ils ?

A. Pour s'amuser. En fait ils ne se faisaient jamais mal.

B. Pour le plaisir des spectateurs et des empereurs romains.

C. Pour s'entraîner à la chasse.

Réponses : 1B – 2C – 3A – 4C – 5C – 6B